LENIN

La Revolución rusa y
los orígenes de la URSS

Por Sarah Klimowski
Traducido por Laura Bernal Martín

Historia en50MINUTOS.es

LENIN

- **¿Nacimiento?** El 22 de abril de 1870 en Simbirsk (Rusia).
- **¿Muerte?** El 21 de enero de 1924 en Gorki (la actual Nizhni Nóvgorod, en Rusia).
- **¿Principales aportaciones?** Lenin es el creador de la Unión de Repúblicas Socialistas Soviéticas y el protagonista de la caída del régimen zarista que gobernaba en Rusia.

Vladímir Ilich Uliánov, que adoptará el nombre de Lenin, proviene de un entorno inscrito en la autocracia de los zares que dominan el vasto Imperio ruso desde el siglo XVI. Hijo de aristócrata, al principio carece del perfil de un hombre que desearía un futuro diferente del que le esperaba a todos los herederos de su entorno, que es suceder a su padre en su cargo como dignatario del zar. Sin embargo, provocará una de las mayores revoluciones del siglo XX y se convertirá en un personaje legendario del proletariado ruso.

El contexto político en el que se enmarca su nacimiento es relativamente tranquilo. El zar que reina en el Imperio es Alejandro II (1818-1881), apodado el Libertador después de tomar la decisión de abolir la servidumbre en 1861. Las reformas avanzan a buen ritmo, lo que hace esperar una flexibilización del absolutismo ruso en beneficio de una política más moderna, siguiendo el modelo de los países occidentales.

Sin embargo, Vladímir Ilich desafía el determinismo social

y acompaña a Rusia en una aventura política significativa y decisiva para el mundo contemporáneo. Solo tiene 17 años cuando su hermano mayor, Alexander (1866-1887), amante del idealismo y militante comprometido, es ahorcado por haber participado en complots que tenían como objetivo acabar con la vida del zar Alejandro III (1845-1894). Vladímir queda marcado para siempre por este drama y, ahora sin el hermano que había tomado como modelo a seguir, radicaliza su visión política. A partir de entonces, de exilio en exilio, lucha con firmeza contra la política del soberano Nicolás II (1868-1918), que llega al poder en 1894 y que ejerce una represión que, en 1895, lleva a Lenin a la cárcel por primera vez. La redacción de las *Tesis de abril* y su influencia en el mundo del activismo socialista le llevan a ser el prota-gonista del golpe de Estado de octubre de 1917, que instaura en Rusia el primer régimen soviético.

Lenin sigue siendo hoy en día una figura imprescindible de la cultura y la política rusa. Y es imprescindible, de eso no cabe duda, pero no así indiscutible, puesto que las investiga-ciones históricas tienden progresivamente a descomponer la leyenda dorada que ha envuelto al personaje durante muchos años.

LA VIDA DE LENIN

LOS ULIÁNOV: DE LA PLEBE A LA NOBLEZA

El 22 de abril (el 10 según el calendario ortodoxo) de 1870, Vladímir Uliánov nace en Simbirsk, a orillas del Volga. En esa época, el municipio se parece a cualquier otra ciudad provincial de Rusia y, una vez recogidos los frutos de la rápida urbanización que experimenta el país en el siglo XIX, pasa de 10 000 habitantes a 43 000 entre 1800 y 1870.

> **¿SABÍAS QUE...?**
>
> En 1924, la ciudad es rebautizada con el nombre de Uliánovsk en honor a Lenin.

Sus padres tienen siete hijos, pero cuatro fallecen a edad temprana. Se han planteado dudas sobre de los orígenes sociales de la familia Uliánov durante mucho tiempo. Se cree que el padre de Lenin, Iliá Nikoláyevich Uliánov (1831-1886), era descendiente de siervos, en referencia a un bisabuelo que habría sido liberado mucho antes de la reforma de 1861. A partir de esta emancipación, los descendientes de la familia Uliánov ascienden poco a poco los escalones sociales, como Iliá Nikoláyevich, que accede al prestigioso cargo de consejero de Estado, lo que le abre las puertas de la nobleza hereditaria. Le transmite esta nueva herencia social a sus herederos, entre los que se encuentra Vladímir.

ORÍGENES CALMUCOS

La abuela de Lenin es calmuca. Este pueblo mongol establecido en Rusia es una de las muchas minorías que componen el Imperio ruso. En 1771, la zarina Catalina II (1729-1796) reduce su autonomía y les obliga a renunciar a su religión, el budismo. Lenin conserva de su abuela algunos rasgos característicos, como los ojos rasgados.

Además, del lado materno, Vladímir Ilich posee un variado bagaje cultural. Su abuelo judío (cuya madre es sueca) se ha convertido al cristianismo ortodoxo, lo que le permite ocupar cargos altos y, *de facto*, ser reconocido noble hereditario, al igual que su futuro yerno. De sangre aristócrata, el futuro Lenin firma en varias ocasiones «Vladímir Uliánov, noble hereditario» a finales del siglo XIX, asumiendo así plenamente su estatus social.

LA UNIVERSIDAD DE KAZÁN

Vladímir Ilich solo tiene 16 años cuando fallece su padre. Al año siguiente, su hermano mayor, Alexander Ilich, el rebelde de la familia, paga con la vida su lucha contra la monarquía rusa. A pesar de este drama, Lenin aprueba todos los exámenes y entra en la facultad de derecho de la Universidad Imperial de Kazán (la actual capital de la República de Tartaristán). En esta ciudad frecuenta centros clandestinos que ensalzan las tesis marxistas e imaginan la Rusia del mañana. Pero las autoridades no tardan en considerar que el hermano de un terrorista es de por sí un sospechoso, y le ponen un castigo ejemplar: en diciembre de 1887, le excluyen de la universidad.

EL DESCUBRIMIENTO DE LAS TESIS MARXISTAS

Expulsado de la universidad, Vladímir Ilich acude a San Petersburgo, donde obtiene el diploma de derecho en 1892 en calidad de alumno libre. A continuación ejerce en Samara, pero nunca pleitea en juicios importantes. En esta época descubre las tesis marxistas junto a su futura esposa, Nadezhda Krúpskaya (1869-1939). Es detenido en 1895, y un año más tarde, cuando es puesto en libertad, se exilia a orillas del Lena, lo que le habría servido de inspiración para elegir su alias, Lenin.

LA RUPTURA

Tras un corto exilio en Siberia, Vladímir Ilich y su compañera se establecen en Suiza (1900), donde vivirán durante siete años. En 1902 publica su primera obra importante, titulada *¿Qué hacer?*, en la que se separa de la doctrina marxista al enunciar que el comunismo no es el resultado de la lucha de la clase obrera. En su opinión, es necesario preparar una vanguardia revolucionaria para guiar al proletariado hacia un futuro mejor, aunque para lograrlo sea necesario instaurar una dictadura.

El Partido Bolchevique

En 1903, lidera a los bolcheviques (término que significa «mayoría» en ruso) en un congreso del Partido Obrero Socialdemócrata Ruso, cuando se produce una escisión entre los partidarios de sus ideas (los bolcheviques) y sus rivales (los mencheviques, que significa «minoría» en ruso). Dos años más tarde, en marzo de 1917 (en febrero según el calendario ortodoxo), estalla la primera revolución rusa, pero Lenin prefiere mantenerse en un segundo plano.

BOLCHEVIQUES Y MENCHEVIQUES

La escisión entre bolcheviques y mencheviques tiene lugar durante el II Congreso del Partido, el llamado Congreso de Londres. Durante este, Martov (socialdemócrata ruso, 1873-1923) y Lenin mantienen opiniones encontradas sobre la composición del Partido. El primero considera que hay que autorizar a todos los afiliados, para obtener así un movimiento consecuente, mientras que el segundo piensa más bien en una estructura muy centralizada compuesta por un número limitado de altos cargos con formación para dirigir. Para tomar una decisión, tiene lugar un voto a mano alzada. Como Martov obtiene el menor número de votos, su grupo recibe el nombre de menchevique.

Martov y Lenin ya se habían enfrentado anteriormente sobre diferentes temas. Por ejemplo, Martov quería aliarse con algunos partidos burgueses, mientras que Lenin prefería recurrir a la violencia.

El revolucionario

Hay que esperar al mes de abril para que Lenin salga de su escepticismo y pise de nuevo tierra rusa, recientemente democrática. Lejos de creer en una revolución rusa, presiente, sin embargo, que la caída del régimen zarista abre una extraordinaria vía para el ascenso de su doctrina. Entonces publica sus *Tesis de abril*, que son, ni más ni menos, el programa de acción de su partido: reivindica una paz inmediata, sin anexiones ni compensaciones —en esta época, la Primera Guerra Mundial (1914-1918) causa estragos y sume al país en la miseria—, y expresa su voluntad de que se le confíen las fábricas a los trabajadores y la tierra a los campesinos. Pero el nuevo primer ministro ruso, garante del Gobierno provisional instaurado tras la Revolución de Febrero, Aleksandr Kérenski (1881-1970), ordena que sea arrestado, y Lenin se ve obligado una vez más a exiliarse, esta vez en Finlandia.

Unos meses después, el Gobierno muestra ya algunos signos de flaqueza: la paz no llega, las pérdidas humanas se cuentan por millones y las crisis internas no se han resuelto. El 6 de noviembre de 1917, tras la Revolución de Octubre que expulsa al Gobierno de tendencia liberal, Lenin considera que la situación es propicia para volver a Rusia. Se hace con el poder con la ayuda de la Guardia Roja, la facción armada del Partido Bolchevique. Es la principal cabeza pensante de esta insurrección.

La formación de la URSS

Como había anunciado en su doctrina, Lenin se apresura a establecer decretos que instauren una dictadura, puesto que, como él dice, «[m]ientras exista el Estado, no existe libertad. Cuando haya libertad, no habrá Estado» (Iglesias 2010). En el nombre de un progreso hacia la felicidad, prepara el terreno para una verdadero Terror Rojo.

En marzo de 1921, Lenin instaura la NEP (Nueva Política Económica), que suaviza el régimen dictatorial —al menos en el plano económico— y que permite reestablecer una cierta forma de libertad comercial. Un año después, Rusia se convierte en la URSS (Unión de Repúblicas Socialistas Soviéticas), con Moscú por capital. Lenin será nombrado su jefe de Gobierno.

Paralizado desde hace algunos meses, se desplaza en silla de ruedas mientras su estado de salud no deja de deteriorarse. En enero de 1924, Lenin muere a los 53 años. Poco después de su muerte, el Politburó (buró político del Comité Central del Partido Comunista Soviético) ordena que se conserve su cuerpo en hielo mientras se encuentra una forma mejor de preservarlo. Finalmente, el cadáver de Lenin será embalsamado para ser expuesto públicamente en Moscú en el mausoleo de la Plaza Roja, donde sigue hoy en día.

CONTEXTO

Sería erróneo considerar que Lenin, por sí solo, ha inspirado y motivado las ideas revolucionarias rusas. En realidad, Lenin, que se muestra en un primer tiempo pesimista con respecto al resultado de un cambio radical, no hace más que seguir el ritmo de los acontecimientos y aprovechar las oportunidades en el momento justo. Así pues, la revolución nace en un terreno contextual fértil, favorable a la aparición de un amplio movimiento contestatario en la Rusia imperial.

LA AUTOCRACIA DE NICOLÁS II O EL ABSOLUTISMO PUESTO EN CUESTIÓN

Aunque Francia sufre sus primeros movimientos revolucionarios en el siglo XVIII, hay que esperar al fin del siglo XIX para que surja en Rusia una oposición clara y organizada contra el poder absoluto de los zares. Desde 1894, fecha de su coronación, Nikolái Aleksándrovich Románov (1868-1918), llamado Nicolás II, gobierna el país mediante la autocracia. El resultado es una política conservadora desastrosa, ya que no sabe rodearse de buenos consejeros.

El gobierno Stolypin

Tras perder la guerra contra Japón entre 1904 y 1905 y sufrir graves problemas internos, Nicolás II, demasiado apegado al dogma de la autocracia, rechaza probar el sistema del parlamentarismo. Cuando forma un nuevo gobierno, nombra primer ministro al llamado Stolypin (1862-1911), que lleva a cabo una despiadada política represiva contra los revolucionarios. Sin embargo, quiere iniciar una reforma agraria que mejore las condiciones de vida del campesinado —Rusia es mayoritariamente agrícola. Aunque es reformador, Stolypin no tiene madera de demócrata y su reforma nunca verá la luz, puesto que un anarquista lo asesina en Kiev en 1911 antes de haber podido ponerla en práctica.

LA GRAN GUERRA

Cuando estalla la Primera Guerra Mundial en Europa, ni Nicolás II ni su país están preparados para la misma. La dolorosa derrota contra Japón en 1905, que ha debilitado y humillado al país, sigue en la memoria de todos y hace que muchos soldados se rebelen. Sin embargo, Nicolás II cuenta con una ventaja numérica. Así y todo, su ejército no es moderno, puesto que está poco mecanizado y atrasado con respecto a los progresos técnicos y militares realizados por Alemania. No obstante, la Duma (asamblea legislativa) vota el establecimiento de un presupuesto extraordinario para la guerra, a pesar de las llamadas a la deserción de Lenin.

Los primeros meses son un desastre para el ejército ruso, que es gravemente derrotado en Tannenberg (1915) por los alemanes. Ese año, las pérdidas registradas son muy elevadas: 1 200 000 soldados mueren, están heridos, desaparecen o son hechos prisioneros. La moral de la población está por los suelos en un momento en que la necesidad de un nuevo reclutamiento de tropas es cada vez más urgente y las municiones y el material escasean.

El zar decide enseguida asumir él mismo el cargo de comandante supremo del Ejército, una responsabilidad que hasta entonces había delegado en un general, y abandona San Petersburgo para trasladarse a Mogilev (cuartel general del ejército ruso). Sin embargo, al hacerlo Nicolás II deja un país descontento en manos de la emperadora y de su consejero, Rasputín (1864/1865-1916), un misterioso monje ortodoxo muy poco apreciado entre los más cercanos a la pareja imperial debido a la mala influencia que ejerce sobre esta.

UNA SITUACIÓN ECONÓMICA Y SOCIAL PARTICULAR

A lo largo del siglo XIX, Rusia está por detrás de los demás países europeos. Experimenta una revolución industrial tardía y se mantiene mayoritariamente rural. Los *mujik* (campesinos rusos) representan la mayor parte de la población a pesar de la abolición de la servidumbre promulgada por Alejandro II.

No es hasta finales de siglo que Rusia comienza a recuperarse de su atraso. El número de industrias crece, lo que conlleva un aumento del número de obreros. Estos tienen que enfrentarse a condiciones de trabajo muy duras: están mal pagados, trabajan más de 15 horas al día, carecen de seguridad, no tienen la posibilidad de agruparse en sindicatos, etc. A partir de ahora, esta clase obrera se reparte entre los diferentes partidos de ideas revolucionarias, que se atribuyen el derecho de hablar en su nombre. En ese mismo periodo, las ciudades se ven azotadas por el crecimiento de la inflación y por la escasez de alimentos y de carbón, y los obreros tienen problemas para alimentarse y calentarse. Las huelgas se suceden y sacuden a todo el país: el Imperio ruso comienza a resquebrajarse.

En paralelo a la industrialización del país y a pesar de los primeros problemas sociales, la economía rusa progresa a grandes pasos, aunque su evolución aún depende en gran medida de las inversiones extranjeras. En este contexto favorable nace una nueva clase social: la burguesía, formada por hombres de negocios y por campesinos ricos y defensores de las nuevas ideas.

RUSIA SACUDIDA POR LAS REVOLUCIONES

El Domingo Rojo

El 23 de enero de 1905, 200 000 obreros desfilan por los calles de San Petersburgo para reclamarle reformas al zar. Pero en lugar de iniciar un diálogo, Nicolás II ordena a su guarnición abrir fuego contra los rebeldes, respondiendo así de manera brutal y mortífera. Aunque oficialmente se cuentan 96 muertos y 333 heridos, algunos periódicos, como el *Evening Sun*, hablan de más de 2000 muertos.

Foto de una representación del Domingo Rojo.

Febrero de 1917

En marzo de 1917 (febrero según el calendario ortodoxo), una serie de manifestaciones y de huelgas sacuden Petrogrado (San Petersburgo). Nicolás II, que lleva a cabo una importante política de represión, ordena al Gobierno que controle los disturbios. Pero la guarnición encargada de reprimir la agitación se une a los insurgentes. Tras hermanarse, manifestantes y militares toman el Palacio de Invierno (la residencia del zar) y ponen fin al régimen zarista.

Manifestación de trabajadores durante la Revolución de 1917.

Inmediatamente después se forma un Gobierno provisional bajo la dirección del príncipe Lvov (1861-1925). Ahora se enfrentarán dos autoridades: el Gobierno provisional y los sóviets (consejos) de obreros y soldados, en los que están representados todos los partidos revolucionarios socialistas y marxistas.

El nuevo Gobierno defrauda enseguida a los sóviets —especialmente después de negarse a firmar la paz con Alemania—, a pesar de que toma algunas medidas democráticas, como la abolición de la pena de muerte y el establecimiento del sufragio universal para hombres y mujeres.

MOMENTOS CLAVE

EL REVOLUCIONARIO

Hacia la radicalización

Uno de los acontecimientos cruciales y que dan forma a la existencia de Lenin es, sin duda alguna, su expulsión de la Universidad de Kazán bajo el pretexto de frecuentar grupos de estudiantes contestatarios. En realidad, Lenin nunca se implica verdaderamente en los movimientos estudiantiles de 1888 que hacen que las universidades rusas se estremezcan. No milita, pero acude periódicamente a las reuniones. Con todo, su nombre se asocia al de su hermano, Alexander Ilich Uliánov, ejecutado por Alejandro III por haber fomentado un complot con el objetivo de matarlo. Las autoridades también consideran que Vladímir Ilich constituye una seria amenaza, por lo que se ve obligado a abandonar la universidad y, a continuación, es expulsado de la ciudad de Kazán.

Entonces, su familia se refugia al norte del Volga, donde el abuelo paterno de Lenin ha dejado una propiedad que su madre acondiciona. Durante este exilio forzoso, el joven Lenin no se interesa mucho por los campesinos, y tampoco por su trabajo o por su condición social. Sus días se dividen entre el senderismo, la pesca con caña y la caza. Se complace con estar ocioso, sin expresar ningún interés por el trabajo manual y físico, pues prefiere la escritura y la lectura. Entre las obras que lee se encuentra *El capital* de Karl Marx (1818-1883).

En 1889, los Uliánov se mudan de nuevo y se instalan en el óblast de Samara (región autónoma), situado a 450 kilómetros de Kazán, donde Lenin vive durante cuatro años. Su madre compra un terreno para que se haga agricultor. Lejos de considerarlo como un nuevo inicio, Lenin vuelve a la ociosidad y continúa leyendo asiduamente *El capital*. Enseguida se demuestra que es un propietario agrícola mediocre, y no logra que su propiedad prospere. Además, mantiene unas relaciones bastante distantes con los campesinos.

Poco a poco, el joven se radicaliza al asimilar las teorías de Marx y acaba por abrazar la idea de revolución presente en sus lecturas. Pero sigue siendo un hombre reflexivo y es consciente de que no sirve de nada tomar las armas inmediatamente, porque considera que la Rusia zarista todavía está sometida a la dictadura aristocrática. Instaurar directamente una dictadura del proletariado sería contravenir la ideología marxista, porque se saltaría una etapa de vital importancia: la revolución burguesa. Todo el dilema de Lenin reside en esta conclusión.

Los primeros combates políticos

En 1893 acude a San Petersburgo, donde conoce a Nadezhda Krúpskaya, su futura esposa. En esta ciudad tiene la oportunidad de observar el trabajo de los obreros, vestido con harapos para no exponerse como intelectual. Aunque les examina, se niega a ayudarles con su trabajo. Eso es lo que le reprochan algunos de sus contemporáneos, entre ellos el escritor ruso Máximo Gorki (1868-1936), que sobre este tema escribe: «Le gusta el proceso de liberación, pero no los que serían liberados».

Cuando las autoridades le conceden por fin el derecho de viajar al extranjero en 1895, visita primero Suiza, luego París, y después Berlín, donde conoce a representantes de la corriente revolucionaria socialdemócrata, como Paul Lafargue (1842-1911), gran figura del socialismo francés. En diciembre de ese mismo año, es detenido en San Petersburgo por haber cofundado el movimiento de oposición Unión de Lucha. Esta es la primera organización marxista que vincula las preocupaciones político-sociales (la lucha contra la clase aristocrática) con las reclamaciones económicas de los trabajadores. En la cárcel, aprovecha su periodo de inactividad forzada para intentar teorizar la revolución, redactando obras entre las que destaca *El desarrollo del capitalismo en Rusia* (1899).

El objetivo político de Lenin se articula en torno a dos fases:

- Primeramente, debe tomar el poder un partido comunista fuerte y único, formado por líderes. Los dirigentes de este partido sustituirán así a la burguesía. Se instaurará momentáneamente algo parecido al capitalismo para acelerar el desarrollo económico de Rusia, pero bajo la regulación del proletariado.
- En cuanto Rusia haya finalizado su industrialización, el capitalismo será suprimido a favor del pueblo, que se hará plenamente con el poder y tendrá el control de su destino.

Así pues, se puede observar que Lenin reconoce que el capitalismo tiene algunos beneficios, entre los que destaca la sustitución de técnicas arcaicas por instrumentos y máquinas modernas, la aparición de una clase de propietarios independientes y el desarrollo urbano. Es más, admite que el capitalismo es necesario para el pueblo, ya que no solo le permite comprender los males que le afectan, sino que también le obliga a ser combativo socialmente. Sin embargo, hay que frenarlo lo antes posible, porque si se desarrolla demasiado, el capitalismo resulta perjudicial porque puede llegar a provocar la revuelta del proletariado menos favorecido.

En el año 1897, todos los miembros de la Unión de Lucha son deportados a Siberia. Lenin se ve afectado directamente, y teme tener que ir forzosamente a pie, pero su madre consigue que se valga de sus contactos para viajar en tren asumiendo los costes. Poco después, Nadezhda se une a Lenin en el exilio.

En esta época, Rusia sufre grandes transformaciones. En 1898, se forma el Partido Obrero Socialdemócrata Ruso (POSDR), y Lenin solo puede seguir su evolución desde lejos gracias a las obras de nueve delegados reunidos en Minsk. En 1900, recién liberado, se le encarga organizar la creación y la redacción de la revista del nuevo partido, el *Iskra* («chispa»), y obtiene la autorización para salir de Rusia. Se marcha y se establece en Zúrich.

El exilio en Europa

Lenin pasa la mayor parte de su vida exiliado. En total, estará una quincena de años en Europa occidental, siete de ellos en Suiza. Vive en Zúrich (1900), en Ginebra (1903-1905 y 1908), en Berna (1914-1915) y después vuelve a Zúrich (1916-1917). También vive durante un tiempo en Múnich (1901-1902), en Londres (1902-1903), en Finlandia (1905-1907), en París

(1909-1912) y en Cracovia (1912-1913). La espera por volver a su país se le hace interminable.

En Zúrich, sus condiciones de vida no son las mejores. Vive en un apartamento en el edificio número 14 de la Spiegelgasse, situado justo al lado de una charcutería industrial. En verano tiene que tener las ventanas cerradas porque el olor es insoportable.

Después de pasar 17 años teorizando la revolución, Lenin cree que tiene un papel principal que desempeñar en la misma. Sin embargo, ningún obrero conoce aún su nombre en Rusia. Siente impotencia ante la distancia que le separa de su tierra natal, y se contenta con leer la prensa para mantenerse informado sobre el desarrollo de la Gran Guerra, en la que Rusia está involucrada desde 1914. Además, quiere que el país salga perdedor de la misma porque, en su opinión, la libertad del pueblo surgirá de las cenizas de la guerra.

En Zúrich, también frecuenta el cabaret Voltaire, punto de encuentro de dadaístas (movimiento intelectual y artístico que se desarrolla durante la Primera Guerra Mundial), donde arremeten contra la burguesía, la eterna enemiga de Lenin. Como los dadaístas quieren acabar con esta clase social, que consideran parasitaria, Lenin les considera durante un tiempo partidarios de su futuro régimen soviético, pero lo hace sin contar con el rechazo que pronto animará al grupo contra toda forma de autoridad, incluida la de Lenin.

La escisión política

Lenin vive un paréntesis en Inglaterra de 1902 a 1903. De

hecho, la presión de la policía bávara sobre la redacción del periódico *Iskra*, establecida en Múnich en los primeros meses de 1901, es demasiado fuerte. Por ello, los redactores deciden mudarse a Londres, donde Lenin y su mujer vivirán durante un año. Allí, acude frecuentemente a un bar de inmigrantes rusos y de socialdemócratas ingleses, y convierte cada mesa en una tribuna política. La mayoría de los debates gravitan en torno a su obra *¿Qué hacer?* y a su polémica frase: «¡Dadnos una organización de revolucionarios y removeremos a Rusia de sus cimientos!» (Uliánov 1902).

¿QUÉ HACER?

En su obra, Lenin recopila las ideas que va reteniendo a lo largo de sus lecturas. De hecho, el título hace referencia directamente a la novela del célebre autor ruso Nikolái Chernyshevski (1828-1889), que fue una fuente de gran inspiración para Lenin durante su juventud. Lejos de ser una obra de ficción, el libro de Lenin es un verdadero programa de acción política.

Ante la cuestión de la organización del Partido Obrero Socialdemócrata Ruso (POSDR), las divergencias de opiniones entre los diferentes miembros se hacen cada vez más fuertes y acaban por escindir al grupo, que se divide entre bolcheviques y mencheviques. A partir de 1905, los bolcheviques forman un partido radical de pleno derecho.

Lenin sigue la primera revolución rusa desde Finlandia, y toma conocimiento de la manifestación popular que ha sacudido a Rusia el 23 de enero y de su sangrienta represión. Pero todo esto sigue estando lejos de su deseado golpe de Estado.

Aunque la relación de fuerzas fluctúa entre bolcheviques y mencheviques, la línea del partido de Lenin acaba triunfando con el V Congreso del POSDR que tiene lugar en Londres el 13 de mayo de 1907. Pasando de Finlandia a Suecia en 1907 para huir de la policía del zar, se refugia en Ginebra, donde pasa unos años difíciles, para después trasladarse a París. Acaba por establecerse en Polonia, más en concreto en la ciudad de Cracovia, cerca de la frontera rusa. Espera poder influir a sus camaradas que siguen en Rusia desde este punto, y dirige un nuevo periódico, el *Pravda* («verdad» o «justicia»). El 7 de agosto de 1914 es detenido en territorio austríaco, acusado de espionaje. Finalmente, vuelve a Zúrich en cuanto es puesto en libertad.

> **¿SABÍAS QUE...?**
>
> Lenin se exilia a Ginebra en 1903. Vive en un suntuoso barrio costeado por el partido, o lo que es lo mismo, gracias al dinero que Stalin (1878-1953) tiene encargado recaudar y que obtiene atracando bancos.

EL HÉROE DE LA REVOLUCIÓN RUSA

El regreso a Rusia

En febrero de 1917, llega a oídos de Lenin la tan ansiada noticia: una revolución acaba de poner fin al absolutismo del zar. Cuando lo lee en el *Neue Zürcher Zeitung* («*El Nuevo Periódico de Zúrich*»), no puede creérselo. Enseguida prepara su regreso a Rusia con la complicidad de su mujer. El 9 de abril de 1917, se rodea de una treintena de inmigrantes rusos y el grupo se dirige cantando a la estación.

El tren que les lleva a Rusia es detenido en Singen (Alemania), pero Lenin no se inquieta porque el emperador alemán sabe que desea la derrota militar de Rusia y que cuando vuelva a Petrogrado trabajará para aumentar el cansancio de la guerra en el pueblo ruso. El vagón en el que viaja Lenin obtiene un estatus de extraterritorialidad y el líder bolchevique recibe una importante suma por parte del káiser destinada al cumplimiento de sus proyectos. Aunque el revolucionario logra hacerse con el poder en Rusia, promete *de facto* firmar la paz con Alemania. Este acuerdo es muy criticado por los mencheviques, que rechazan el regreso de Lenin consentido por la alianza tácita con Alemania.

Tras un trayecto sin incidentes, Lenin vuelve triunfante a Petrogrado, y se encuentra a la cabeza de varios miles de hombres. Preconiza el establecimiento de una lucha inmediata para que el proletariado se haga con el poder, sin necesidad de una transición llevada a cabo por un gobierno democrático burgués. Expone su punto de vista y su programa político en sus famosas *Tesis de abril*. Si bien Trotski (1879-1940) le apoya, son muchos los bolcheviques que, por el contrario, se muestran reticentes ante su política.

«¡Todo el poder para los sóviets!», esa es la consigna de Lenin. El 1 de mayo de 1917, en el *Campo de Marte* (donde están enterradas las víctimas de las revoluciones de 1905 y de febrero de 1917), Lenin pronuncia un discurso en el que evoca la dictadura, algo que asusta a muchos de sus partidarios.

En julio de 1917, el Gobierno provisional, de tendencia democrática y burguesa, declara que las manifestaciones bolcheviques son intentos de golpe de Estado y ordena disparar contra los manifestantes. Además, el nuevo jefe de Gobierno, Aleksandr Kérenski (1881-1970), ordena la ejecución de Vladímir Ilich Uliánov. Este último ha de huir de nuevo, y decide marcharse a Finlandia. Pero poco después, Kérenski tiene que enfrentarse al general Kornílov (1870-1918), cuyas tropas se dirigen a Petrogrado para hacerse con el control de la ciudad. Para evitarlo, se ve obligado a pedir refuerzos y llama a los bolcheviques, entre los que se encuentra Lenin.

La toma del poder

En octubre de 1917, Lenin lanza un ultimátum a los soldados de Kornílov, que tienen que elegir entre la dictadura militar de este último y la dictadura del proletariado. Entonces, los soldados cambian de bando y se unen a los insurgentes bolcheviques. Los Guardias Rojos (soldados bolcheviques), dirigidos por Trotski, se hacen rápidamente con el control de los puentes y de los emplazamientos estratégicos de Petrogrado. Después de este golpe de fuerza, los revolucio-narios derrocan al Gobierno provisional y Lenin se convierte en presidente del Consejo de Comisarios del Pueblo, la nueva autoridad del país. Esto provoca fuertes críticas por parte de los mencheviques y de una gran parte de los socialistas revolucionarios, que se niegan a legitimar la insurrección bolchevique.

Como acordado con los alemanes, Lenin negocia el Tratado Brest-Litovsk (3 de marzo de 1918) para firmar la paz con Alemania. Sin embargo, tras haber instaurado toda una serie de medidas socialistas y marxistas, la salud de Lenin empeora a buen ritmo. En 1922 sufre varios ataques cardíacos que le debilitan, y acaba falleciendo el 21 de enero de 1924.

LA OBRA Y LA HERENCIA DE LENIN

La lucha de Lenin por una Rusia comunista marcará para siempre la historia europea, y las repercusiones de su llegada al poder son numerosas.

UNA POLÍTICA COMUNISTA SIN PRECEDENTES

En cuanto llega al poder, los bolcheviques llevan a cabo una reforma de nacionalización, marcada esencialmente por la redistribución de tierras entre los campesinos.

La paz con Alemania se firma finalmente en marzo de 1918, pero el nuevo Gobierno debe enfrentarse a una terrible guerra civil que enfrenta al Ejército Rojo, formado por los partidarios de la revolución, contra el Ejército Blanco, formado por los simpatizantes del zar. Este conflicto mortífero lleva a la instauración del comunismo de guerra, que radicaliza la nacionalización y autoriza al Estado bolchevique a espoliar todos los bienes económicos para salir victoriosos de la guerra.

¿SABÍAS QUE...?

Para acabar con la oposición antibolchevique, Lenin instituye una policía política, la Checa, que décadas más tardes se convertirá en el KGB.

Las medidas autoritarias del comunismo de guerra le ofrecen la victoria a los bolcheviques, pero el país se encuentra devastado. La hambruna y las epidemias empeoran el balance de esta guerra interna cuyo número de víctimas se eleva a unos 11 millones.

Ante esta situación de urgencia, Lenin inicia un nuevo proyecto, la NEP (Nueva Política Económica), un verdadero compromiso entre el socialismo y el capitalismo, ya que permite el desarrollo —restringido— del mercado y del sector privado.

Pero aunque el país se recupera lentamente, se cierra el cerco sobre las libertades públicas: se prohíben los sindicatos, así como las asociaciones y los partidos que no sean bolcheviques. También crecen las persecuciones religiosas, y se establece todo un sistema de campos de concentración: los gulags. En 1921 se rebelan los marinos de Kronstadt, decepcionados por Lenin, pero son aplastados por el Ejército Rojo, que continúa imponiendo su reino del terror.

Incluso después de la revolución, Lenin nunca conoció el comunismo. De hecho, la NEP instaura un capitalismo de Estado que no se abolirá hasta después de su muerte, de la mano de Stalin.

LA TRANSFORMACIÓN DE UN PAISAJE CULTURAL Y SOCIAL

En 1918, Lenin manda derribar todos los monumentos dedicados a la monarquía y hace que se fijen carteles en las calles con la célebre frase de Marx: «La religión es el opio del pueblo». De hecho, el pensamiento marxista y leninista reivindica un tipo de ateísmo. Para Lenin, la religión es una opresión espiritual y, en el mejor de los casos, debe mantenerse en el ámbito privado. Así pues, no lucha contra la religión como un todo, sino contra los vínculos que existen entre esta y el Estado. Lenin llega incluso a preconizar la libertad religiosa.

Además, la cuota de estudiantes aumenta en las universidades, donde se favorece a los hijos de obreros y de campesinos. La consecuencia de esta apertura de la enseñanza superior al proletariado es la caída de la calidad de la enseñanza, puesto que las normas de acceso privilegian la entrada de trabajadores en detrimento de los burgueses.

El sufragio universal se mantiene, y se declara la igualdad de todos los pueblos de Rusia. Cabe destacar que, con Lenin, la sociedad se hace paradójicamente más permisiva en lo relativo a las cuestiones morales. Por ejemplo, el Estado legaliza el aborto, y es más fácil obtener el divorcio. Las actitudes tradicionales dejan sitio a los ideales revolucionarios.

La llegada al poder de Lenin también marca la aparición de nuevas costumbres en el paisaje cultural y político ruso, con una propaganda instaurada por el Partido Comunista y no por el propio Lenin, que será objeto de culto solo después de su muerte.

Para evitar cualquier tipo de revolución por parte de los partidarios del zar, los bolcheviques mandan asesinar en julio de 1918 a Nicolás II, a su esposa y a sus hijos sin ningún tipo de proceso judicial previo.

En términos culturales, los artistas están relativamente libres durante los primeros años del régimen soviético, aunque la mayoría abandonan Rusia debido a su postura antibolchevique. Lenin aprecia especialmente el arte tradicional y rechaza cualquier forma de arte nuevo. Además, apoya a la escena artística y quiere que el arte sea accesible a las masas. Para ello, Lenin nacionaliza numerosas colecciones de arte privadas, y crea el Museo de Arte Contemporáneo Occidental de Moscú.

EL CENTRALISMO RUSO

Al contrario que la actual Rusia, el país se centraliza bajo el mando de Lenin. No obstante, las diferentes nacionalidades que forman el Imperio ruso reclaman su independencia. Este es el motivo que lleva a los bolcheviques a emprender una política especialmente agresiva de centralización, cuyo objetivo es unificar la periferia del imperio. En este sentido, invaden Georgia en 1921, un Estado que quería obtener la independencia.

LA CREACIÓN DE LA URSS Y EL ASCENSO DE STALIN

En 1922, impulsada por Lenin, Rusia se convierte oficial-mente en la Unión de Repúblicas Socialistas Soviéticas, con Moscú como capital. Esta creación le permite aplicar su visión federalista: en lugar de instaurar una Rusia unitaria, prefiere federar varias repúblicas socialistas para darle a cada etnia una autonomía local.

Un año más tarde, cuando prepara la nueva constitución del país, Lenin pierde progresivamente el control. De hecho, toda la atención se concentra en la estructura territorial del Estado, y Stalin aprovecha para proponer un esquema constitucional que garantiza la predominancia de Rusia. Lenin, que en esa época se encuentra ya muy debilitado por la enfermedad, se opone en silencio al proyecto, puesto que aboga firmemente por la libertad de los pueblos a la autodeterminación y critica abiertamente el chovinismo gran ruso (nacionalismo exacerbado del grupo étnico ruso que desprecia al resto de eslavos) que se vislumbra en la nueva Constitución.

Foto de Lenin y Stalin tomada en marzo de 1919.

Poco a poco, Lenin se da cuenta de que Stalin ha concentrado demasiado poder en su persona, acumulando varios cargos (secretario general del partido, dirigente de la Inspección Obrera y Campesina, etc.). En su testamento, Lenin dice sobre esto: «El camarada Stalin, convertido en secretario general, ha concentrado en sus manos un poder ilimitado, y no estoy seguro de que siempre sepa utilizarlo con la suficiente prudencia» (Testamento de Lenin, 24 de diciembre de 1922). En la visión de Lenin, Stalin no debe gobernar el país, sino el partido.

EL CULTO A SU PERSONA

Inmediatamente después de su muerte, el Politburó (buró político del Comité Central del Partido Comunista Soviético) decide conservar el cuerpo de Lenin en hielo mientras busca un mejor método para preservarlo. Finalmente, los altos dirigentes del partido deciden embalsamar el cuerpo para presentarlo en público en un mausoleo en la Plaza Roja de Moscú, a pesar de las protestas de su esposa.

A su muerte, el Partido Comunista utiliza la imagen de Lenin con fines propagandísticos. Se profesa un verdadero culto a su figura, ya sea con la construcción de monumentos con su efigie o con lugares rebautizados en su honor. Sin embargo, este culto disminuye con el paso del tiempo. Aunque se mantiene durante el mandato de Stalin, el fin de la URSS marcará el regreso de una fuerte crítica contra Lenin, dirigida sobre todo contra el Terror Rojo que impuso durante la guerra civil.

Propaganda en homenaje a Lenin (1929).

Según la AFP (agencia de prensa francesa), en 2014 más de uno de cada dos rusos (aproximadamente el 51%) consideraba que Lenin había desempeñado un papel positivo en la historia de Rusia. Estos resultados son el fruto de una voluntad por parte del Kremlin de apoyarse en los símbolos soviéticos, lo que provocó una nueva oleada de interés por la figura de Lenin. Sin embargo, existe una brecha creciente entre la generación de más de 50 años y la nueva generación. Esta última desearía, por ejemplo, que el cuerpo de Lenin fuera enterrado, asegurando que pertenece a un pasado histórico que ya no necesita un monumento tan importante como el que constituye su mausoleo, ubicado en la Plaza Roja.

El mausoleo de Lenin.

EN RESUMEN

- Vladímir Ilich Uliánov nace el 22 de abril de 1870 en Simbirsk (Rusia). Crece sin pasar penurias económicas, ya que procede de una familia aristocrática tanto por parte paterna como materna.

- Los Uliánov tienen ocho hijos, pero Vladímir Ilich mantiene una relación especial con su hermana Olga y con su hermano mayor, Alexander. Este último participa en un movimiento contestatario anarquista y maquina un complot contra el zar Alejandro III. Es detenido y ahorcado, y su culpabilidad tiene consecuencias para toda su familia, que a partir de ahora será considerada sospechosa.

- Expulsado de la Universidad de Kazán en 1887, Lenin va con su familia a San Petersburgo, donde descubre las ideas revolucionarias. Aunque se inscribe a distancia en la universidad, pone poco interés en su futura carrera de abogado y prefiere dedicarse a las tesis revolucionarias.

- En 1895 es detenido por haber cofundado la Unión de Lucha, y es enviado a Siberia, donde vive dos años junto a su esposa, Nadezhda Krúpskaya. A continuación viaja a Suiza, su principal tierra de acogida, donde lleva a cabo una lucha a distancia.

- Estos años de exilio están marcados por su compromiso político. Sigue en Siberia cuando se funda el Partido Obrero Socialdemócrata Ruso. Aunque no participa directamente en su creación, se le pedirá que dirija su periódico político, el *Iskra*.

- En 1903, en el seno del POSDR se oponen dos grupos, los bolcheviques, congregados en torno a Lenin, y los mencheviques, alrededor de Martov.

- A partir de 1914, la Gran Guerra causa estragos y Rusia se encuentra progresivamente arruinada y con escasez de alimentos. La política llevada a cabo por Nicolás II resulta desastrosa para el país.

- Tras una primera revolución, aplastada sangrienta y violentamente en 1905 en San Petersburgo, hay que esperar hasta febrero de 1917 para que el régimen zarista sea barrido por una oleada popular que reúne a obreros y a soldados.

- Como consecuencia de esta Revolución de Febrero se instaura un Gobierno provisional. Ocho meses más tarde es derrocado por una insurrección bolchevique liderada por Lenin.
- Hasta 1917, son pocos los obreros rusos que conocen el nombre de Lenin. Sin embargo, este gana cierta popularidad con sus *Tesis de abril* durante su retorno relámpago a Petrogrado. Tiene que huir a Finlandia, y no regresa hasta octubre para hacerse con el poder a la fuerza e instaurar la dictadura del proletariado mediante una serie de reformas comunistas que tienen por objetivo la nacionalización de las tierras y de los bienes económicos, la persecución religiosa y la persecución de los oponentes políticos.
- En 1922, Lenin crea la URSS.
- El 21 de enero de 1924, Lenin muere en Gorki por un ataque cerebral.

PARA IR MÁS ALLÁ

FUENTES BIBLIOGRÁFICAS

- Carrère-d'Encausse, Hélène. 1979. *Lénine. La révolution et le pouvoir.* París: Flammarion.
- Carrère-d'Encausse, Hélène. 1998. *Lénine.* París: Fayard.
- Hereng, J. y C. de Veen. 1999. *La révolution bolchevique.* Bruselas: Artis-Historia.
- Iglesias, Ignacio. 2010. "La URSS: de la revolución socialista al capitalismo de Estado". *Fundación Andreu Nin.* Consultado el 30 de mayo de 2016. http://www.fundanin.org/iglesias18.htm
- Jesuismort.com, "Lénine". Consultado el 9 de febrero de 2015. http://www.jesuismort.com/biographie_cele-brite_chercher/biographie-lenine-751.php
- Uliánov, Vladímir Ilich. 1902. *¿Qué hacer?* Consultado el 1 de junio de 2016. https://www.marxists.org/espanol/lenin/obras/1900s/quehacer/qh4.htm

FUENTES ICONOGRÁFICAS

- Foto de una representación del Domingo Rojo. La imagen reproducida está libre de derechos.
- Manifestación de trabajadores durante la Revolución de 1917. La imagen reproducida está libre de derechos.
- Imagen de Lenin y Stalin tomada en marzo de 1919. La imagen reproducida está libre de derechos.
- Propaganda en homenaje a Lenin (1929). La imagen reproducida está libre de derechos.
- El mausoleo de Lenin. La imagen reproducida está libre

de derechos.

MONUMENTOS

- El monumento más célebre dedicado a Lenin es su mausoleo, construido en la Plaza Roja de Moscú, y que alberga su cuerpo embalsamado. Sin embargo, Rusia conserva celosamente otros lugares llenos de recuerdos, como en Uliánovsk, donde la casa de su infancia se ha transformado en un lugar de peregrinaje y en un museo.

en50MINUTOS.es
Historia
Economía y empresa
Coaching
EL DIAGRAMA DE ISHIKAWA
Solucionar los problemas desde su raíz
Material   Método   Máquina
Madre Naturaleza   Medida   Hombres
Economía y empresa   en50MINUTOS.es
LA GUERRA DE PALESTINA DE 1948
DOMINA EL ARTE DEL NETWORKING